OEUVRES

DE

J.-B. P. DE MOLIÈRE

MÉLICERTE

f° V f°
12

JUSTIFICATION DU TIRAGE

Il a été fait pour les Amateurs un tirage spécial sur papier de luxe à 550 exemplaires, numérotés à la presse.

		NUMÉROS
125 exemplaires sur papier du Japon.		1 à 125
75 — sur papier de Chine.		126 à 200
150 — sur papier Vélin à la cuve.		210 à 350
200 — sur papier Vergé de Hollande.		351 à 550

OEUVRES

DE

MOLIÈRE

ILLUSTRATIONS

PAR

MAURICE LELOIR

NOTICES

PAR

A. DE MONTAIGLON

MÉLICERTE

1890

PARIS

CHEZ ÉMILE TESTARD, ÉDITEUR

10, RUE DE CONDÉ, 10

M DCCC XC

BIBLIOTHÈQUE NATIONALE · RF · IMPRIMÉS

NOTICE DE MÉLICERTE

ES plaisirs du Roi et les Ballets de Cour, si à la mode depuis Henri IV, comptent dans l'œuvre comme dans la vie de Molière. *Tartuffe* a commencé par faire partie des *Plaisirs de l'Ile enchantée* avec la *Princesse d'Elide*, une reprise des *Fâcheux* et le *Mariage forcé*. Plus tard l'*Amour médecin*, les *Amants magnifiques*, *Georges Dandin*, *Monsieur de Pourceaugnac*, l'adorable *Psyché*, le *Bourgeois Gentilhomme* et le *Malade imaginaire* seront écrits pour le même besoin.

Molière n'avait pas eu le temps de terminer en vers la *Princesse d'Elide*; il ne l'a pas eu davantage pour *Mélicerte*, qui a fait partie du grand *Ballet des Muses*. Celui-là a été plus souvent dansé et joué que d'autres Ballets, de la fin de 1666 jusqu'en octobre 1667, toujours avec un changement, avec des suppressions et des additions dont il serait trop long et trop minutieusement bibliographique de parler pour qu'on puisse entrer ici dans le détail. Il est, dans son ensemble, l'œuvre de Benserade, et l'on ne doit pas oublier que le Roi, MADAME, Madame de Montespan et Mademoiselle de La Vallière y dansaient, à leur grand plaisir et à l'admiration de ceux des Courtisans qui figuraient à côté de ces Etoiles, et des spectateurs privilégiés.

La fin de la *Princesse d'Elide*, arrêtée comme scènes, avait été jouée en prose, à la façon d'une pièce Italienne *all'improviso*, et peut-être, dans

a.

l'entassement de richesses du *Ballet des Muses*, où figuraient, aussi bien que la Troupe de Molière, l'Hôtel de Bourgogne et les Comédiens Espagnols, n'a-t-on donné de *Mélicerte* que les deux Actes écrits ; Molière n'y est pas revenu, et nous n'en avons rien. Lagrange est là-dessus fort précis : « Cette Comédie n'a point été achevée ; il n'y avoit que ces deux actes « de faits lorsque le Roi la demanda. Sa Majesté en ayant été satisfaite « pour la Fête où elle fut représentée, le Sieur de Molière ne l'a point « finie. » Certainement, de même qu'il a si bien ailleurs peint la jalousie, il aurait aussi mis du sien dans l'expression du trouble et de la douleur des deux Amants, violemment séparés par la découverte de l'illustre naissance de Mélicerte, et de leur joie quand on reconnaît que Myrtil est tout aussi bien né.

Comme date précise, il est sûr que *Mélicerte*, dont les deux Actes n'ont été imprimés que dans l'édition posthume donnée par Lagrange en 1682, a été jouée à l'origine, c'est-à-dire le 2 décembre 1666, au Château de Saint-Germain.

C'est le grand Baron qui jouait Myrtil. Grimarest, plus tard son ami et qui par là devait le savoir lui-même, a raconté que, pendant les répétitions, Mademoiselle Molière lui donna un soufflet dans un moment de vivacité. La colère indisposa tellement l'enfant (il avait alors treize ans), qu'à la représentation il osa demander au Roi, qui le lui accorda, la permission de se retirer. Est-ce ce coup de tête qui força Molière à interrompre et ensuite à ne pas terminer *Mélicerte* ? Mieux inspiré, Baron, revenu au bercail, devait, quatre ans après, à dix-sept ans et dans toute la grâce de sa jeunesse, rentrer dans la Troupe et jouer, dans *Psyché*, le rôle de l'Amour.

Le sujet de Mélicerte a été inspiré à Molière par l'histoire Egyptienne de Timarète et de Sésostris dans le *Grand Cyrus* de Mademoiselle de Scudéry. En même temps, ou plutôt avant elle, Pierre de Marcassus, un *Pédant*, comme on eût dit alors — car il était professeur au Collège de La Marche à Paris, où il mourut fort vieux en 1664 — avait écrit, sous le titre de *Les Pêcheurs illustres*, une Tragi-Comédie dont le sujet est exactement le même. Alexandre et Armille, après la mort de leurs deux mères, sont élevés ensemble dans une île voisine de Délos. Ils s'aiment, quand Armille est reconnue pour la Princesse de Délos. Le garçon désespéré se jette dans la mer ; Armille, non moins désespérée, veut le suivre dans la

mort; mais il était tombé dans les filets de pêcheurs qui l'avaient sauvé,
et, comme on lui découvre aussi une naissance illustre, le tout finit par
un mariage. C'était forcément par des péripéties analogues, couronnées
par le même bonheur, que Mélicerte se devait dénouer.

Mademoiselle de Scudéry·s'est-elle inspirée de Marcassus? L'épisode
de Sésostris, fils d'un Roi d'Egypte détrôné, et de Timarète, fille de
l'usurpateur Amasis, est dans la sixième partie du *Grand Cyrus*, et celui-ci,
terminé seulement en 1657, ne commença à paraître qu'en 1649, alors
que *les Pêcheurs illustres* ont été imprimés en 1648.

Molière a dû connaître aussi bien Marcassus que Mademoiselle de Scudéry, et ceux-là, comme lui-même, sont dans le sens des Romans Grecs,
dont la vogue a été si grande en France au seizième siècle et sous
Louis XIII. Les *Ethiopiques* de l'Évêque Héliodore, c'est-à-dire les aven-
tures de Théagène et de Chariclée, qu'Amyot avait traduites et que
Racine jeune rendait à ses Maîtres de Port–Royal parce qu'il en savait
le texte par cœur, n'ont pas été seulement peintes dans les galeries de
châteaux et traduites ensuite en tapisseries. C'est d'elles et des autres
Erotici Græci des Bas-temps, bien plus que de *Daphnis* et *Chloé*, que sont
sortis les Romans de Madeleine de Scudéry, de La Calprenède et de
leur École, comme le Roman de l'*Astrée* et toutes les *Bergeries* dramati-
ques sont sorties de l'*Amintas* du Tasse et du *Pastor fido* de Guarini.

Pour *Mélicerte*, si la Pièce, c'est-à-dire ses deux premiers Actes, est dans
toutes les éditions des Œuvres complètes de Molière, elle n'en est pas
pour cela plus connue. S'il ne l'a pas terminée et ne l'a pas imprimée,
c'est qu'il l'a condamnée, qu'il l'a trouvée mauvaise et indigne de lui.
La conclusion pourrait bien être très fausse. Molière, par sa condition
de Directeur de Troupe, devait, aussi bien comme auteur que comme
Acteur, suffire à cette lourde charge, en donnant toujours du nouveau. En
réalité, il n'a pas eu le temps de s'y remettre; il devait marcher toujours
et aller de l'avant sans s'attarder au passé. Pourtant ses Comédies nobles,
aussi bien que son jeu d'acteur dans la Tragédie, lui tenaient plus au cœur
qu'on ne croit. Le public aime les gens tout d'une pièce; il admet plus
que difficilement à quelqu'un qui sort de l'ordinaire une valeur, et il se
refuse à lui en reconnaître plusieurs. Pour lui, Molière était un excellent
acteur et même un bon auteur comique; il n'avait pas tort, à coup sûr,
et nous devons peut-être à son injustice d'avoir poussé et forcé Molière

à produire et à faire des chefs-d'œuvre dans le sens qu'on attendait de lui ; mais ses pièces tendres et nobles ont du mérite. Des situations et des vers qu'on admire dans le *Misanthrope* viennent de *Don Garcie*, avec lequel on ne compte pas assez ; il y a, dans *La Princesse d'Elide* et dans *Les Amants magnifiques*, des passages et des scènes d'une délicatesse parfaite, qu'on admirerait, si elles étaient d'un autre que de Molière. Racan a écrit de charmantes *Bergeries* ; si *Mélicerte* s'y trouvait, on n'aurait pas pour elle assez d'éloges ; on l'inventerait, on la citerait, et ce ne serait que justice. La Fontaine connaissait bien *Mélicerte* et s'en est souvenu. Tous ceux qui, dans son *Philémon et Baucis*, publié en 1685, sont touchés du passage exquis :

> *Ces mets, nous l'avouons, sont peu délicieux,*
> *Mais, quand nous serions Rois, que donner à des Dieux,*
> *C'est le cœur qui fait tout...*

n'oublient-ils pas ceux de Myrtil offrant son petit oiseau :

> *Le présent n'est pas grand, mais les Divinités*
> *Ne jettent leurs regards que sur les volontés ;*
> *C'est le cœur qui fait tout :*

Benserade, qui pourtant trouvait dans Molière un rival de ses succès, ne lui marchandait pas l'éloge dans le quatrain du livret même du *Ballet des Muses :*

> *Le célèbre Molière est dans tout son éclat ;*
> *Son mérite est connu de Paris jusqu'à Rome.*
> *Il est avantageux partout d'être honnête homme,*
> *Mais il est dangereux avec lui d'être un fat.*

Sans parler de l'éloge du Roi, si naturel chez Molière qu'il lui portait toujours bonheur, il y a, dans *Mélicerte*, plus d'un passage hors de pair, et M. Edouard Thierry, si bon juge de Molière, l'a fort bien dit

« La scène du bavard et taquin Lycarsis, qui ne veut pas raconter ce qu'il a vu quand on l'en prie, et qui enrage quand on ne veut plus l'écouter ; — celle du sot bonhomme, qui prend pour lui les aveux à demi-mot que lui font les deux Bergères éprises de son fils ; — le quiproquo des deux portraits de Myrtil, que se montrent confidemment les deux Bergères et qu'elles croient avoir échangé par mégarde, avant d'avoir découvert qu'elles sont rivales, — la scène exquise où Myrtil refuse ingénument de choisir entre deux mérites dont il se sent indigne, et s'excuse, doucement obstiné, de ne pouvoir aimer que Mélicerte ; — celle enfin où son amour touche si bien son père, en dépit de lui-même, que celui-ci s'engage à obtenir pour lui Mélicerte de l'oncle dont elle dépend ; tous ces épisodes », malgré le costume de convention, les noms à l'antique des personnages et la fable romanesque, « ont leur mouvement naturel et aisé, celui de l'œuvre humaine de Molière ».

La merveille en effet, c'est surtout la scène où Myrtil, — cet ancêtre de Chérubin, qui, lui aussi, n'a que treize ans, mais plus tendre et plus vraiment passionné que le Page de Beaumarchais — retourne en sa faveur Lycarsis et où celui-ci, que jouait Molière, s'étonne de son indulgence :

Ah, que pour ses enfants un père a de foiblesse!
Peut-on rien refuser à leurs mots de tendresse,
Et ne se sent-on pas certains mouvements doux
Quand on vient à songer que cela sort de vous ?

Térence n'aurait pas mieux dit.

Si La Fontaine se souvenait de la Pièce de son ami, Baron, le vrai héros de *Mélicerte*, pour lequel le rôle de Myrtil avait été composé et écrit de manière à s'ajuster avec son âge et avec sa voix, s'en souvenait aussi ; car c'est précisément cette scène que Baron, dans la même année 1685, inséra dans sa petite Pièce des *Enlèvements* pour avoir le plaisir de la rejouer de nouveau. C'était une juste gratitude pour le maître qui l'avait aimé comme un père, qui avait deviné l'homme dans l'enfant et qui avait fait de lui le grand Acteur que l'on sait.

Molière eût été touché de la sincérité de ce témoignage de reconnaissance, et Baron, ce jour-là, a été mieux inspiré que plus tard Guérin, le fils unique du second mariage de la veuve de Molière. En 1699 — Guérin avait alors vingt et un ans — il se reprit à *Mélicerte*, non pas seulement pour la terminer, ce qui eût été admissible, en y ajoutant un dénouement, qu'il a naturellement emprunté à Mademoiselle de Scudéry, mais pour la refaire et la récrire. La maladresse et la présomption sont égales et suffisent à donner une méchante idée de son jugement et de son goût, malgré l'étrange raison qu'il en donne dans sa Préface :

« On me blâmera peut-être d'avoir mis en vers irréguliers ce que Monsieur de Molière avoit fait en grands vers. Je ne l'eusse jamais fait sans les avis de personnes éclairées qui je consultay là-dessus, et qui me firent connoistre que les vers libres, étant plus enjouez, étoient plus dans le goût de la Pastorale. »

Le malheureux croyait bonnement que les vers libres étaient faciles et que les siens vaudraient mieux que les alexandrins de Molière. Rien au contraire de plus difficile, et bien peu de gens y ont réussi; il y faut la main d'un maître ouvrier, et ceux de l'*Amphitryon* auraient bien dû le faire réfléchir et le détourner de porter une main imprudente sur une œuvre qu'il ne pouvait que gâter. Il est difficile d'être plus incolore, plus plat et plus sot. Aussi, malgré la protection de la Princesse Douairière de Conti, à laquelle il dédia sa Pièce pour la remercier de lui avoir obtenu d'être joué, il n'eut pas le succès que sa vanité naïve comptait bien mériter. Les Comédiens du Théâtre-Français avaient eu toute raison de ne pas l'accepter, et la Raisin, qui s'intéressait à Guérin, fut assez mal inspirée de demander au Grand Dauphin, qui ne pouvait guère la refuser, de la donner à Fontainebleau. Le musicien Michel Richard de Lalande, excellent Organiste, l'un des Maîtres de la Chapelle de Versailles et surtout connu par ses compositions religieuses, l'avait pourtant soutenue de sa musique sans arriver à la faire réussir. Gacon nous en est témoin :

> *Lalande par ses sons enchantoit mes oreilles ;*
> *Heureux si, satisfait de nous plaire en Latin,*
> *Il n'eût point travaillé sur les vers de Guérin ;*
> *Car, dès le même soir, la Cour à Mélicerte,*
> *De Lulli, de Molière exagéra la perte,*
> *Et Lalande et Guérin, sifflés des Courtisans,*
> *Même au sein des flatteurs, furent sans partisans.*

On dit que Lalande la fit, un peu plus tard recevoir en 1705 à l'Académie de musique, mais, comme elle ne fut pas représentée, on ne sait si, pour en faire tout à fait un Opéra, Guérin n'avait pas remanié son œuvre, toujours pour améliorer Molière. Il peut ne pas l'avoir retouchée; à côté des scènes, auxquelles il n'y avait qu'à appliquer un récitatif, alors fort simple, il y a des Intermèdes que Lalande avait mis en musique dès le premier jour.

En 1864, des fragments de la vraie *Mélicerte* ont été insérés, dans trois représentations de la *Comtesse d'Escarbagnas*, pour être la comédie dont le vicomte lui donne le régal, et ils y furent très accueillis. L'exemple serait bon à suivre et les deux actes entiers, où l'on aurait peut-être avantage à faire jouer Myrtil par une femme, à cause de l'extrême jeunesse du rôle, feraient merveille aux Anniversaires de Molière. En attendant que l'idée en vienne, que ceux qui ne connaissent pas ou qui ont oublié *Mélicerte* se donnent le plaisir de la lire avec soin ; ils seront payés de leur peine. Il serait cruel de leur conseiller de lire les trois Actes du remaniement de Guérin ; cela ne regarde absolument que les très curieux.

Quant à la *Pastorale comique*, que le Registre de Lagrange appelle la *Pastorale de Coridon*, du nom du Berger qui en était le principal personnage, elle a fait aussi partie du *Ballet des Muses*, et l'on en a encore moins que de *Mélicerte*, qu'elle remplaça le 5 janvier 1667. Il y a de l'esprit, de la fantaisie, même un peu de bizarrerie dans ses fragments, qui sentent la verve hâtive de l'improvisation, mais ils ne sont ni du ton, ni de la valeur de *Mélicerte*. Notre curiosité n'en doit pas moins savoir gré au livret du *Ballet des Muses* qui nous les a seul conservés, Lagrange, qui a sauvé *Mélicerte*, ne les ayant pas trouvés assez importants pour les lui réunir.

Ils n'ont été joints aux Œuvres de Molière qu'à partir de la grande édition de 1734, intéressante par les nombreuses indications de scène qu'elle ajoute d'après la tradition du Théâtre ; ils y sont, à la suite de *Mélicerte*, accompagnés de cette note :

« Cette *Pastorale héroïque*... fut suivie d'une *Pastorale comique*, espèce
« d'impromptu mêlé de scènes récitées et de scènes en musique, avec
« des Divertissements et des Entrées de Ballet. Il y a apparence que les
« paroles chantées, qui font partie de l'action, sont de Molière, ainsi
« que l'invention et les Dialogues récités. Comme cette dernière Pièce
« n'a jamais été imprimée dans les Œuvres de Molière, on a jugé à pro-
« pos, pour rendre l'édition plus complète, de l'imprimer en l'état où
« elle est, quoiqu'il ne nous en reste que le nom des Acteurs, l'ordre des
« Scènes, avec les paroles qui se chantoient. »

L'éditeur de 1734 a pleinement raison. Les paroles de la *Pastorale comique* sont certainement de Molière ; il suffit de les comparer aux autres paroles des Intermèdes de musique de toutes ses autres Pièces.

Pour le *Sicilien ou l'Amour Peintre*, qui a remplacé à son tour la *Pastorale comique*, il a de même fait partie du *Ballet des Muses ;* mais, comme il s'en est détaché et qu'il a eu à la Ville le même succés qu'à la Cour, il a pris sa place personnelle, et ce sera la Pièce suivante. Par là il n'y a pas à en parler aujourd'hui, d'autant plus que le *Sicilien* a été réellement et entiè- rement écrit par Molière en vers libres non rimés.

La chose mérite d'être examinée et prouvée; ce sera le sujet de la prochaine Notice.

ANATOLE DE MONTAIGLON.

MELICERTE

Maurice Leloir inv.　　　　　Emile Testard, Éditeur.　　　　　Géry-Richard sc.

MÉLICERTE

Imp. A. Salmon & Ardail, Paris.

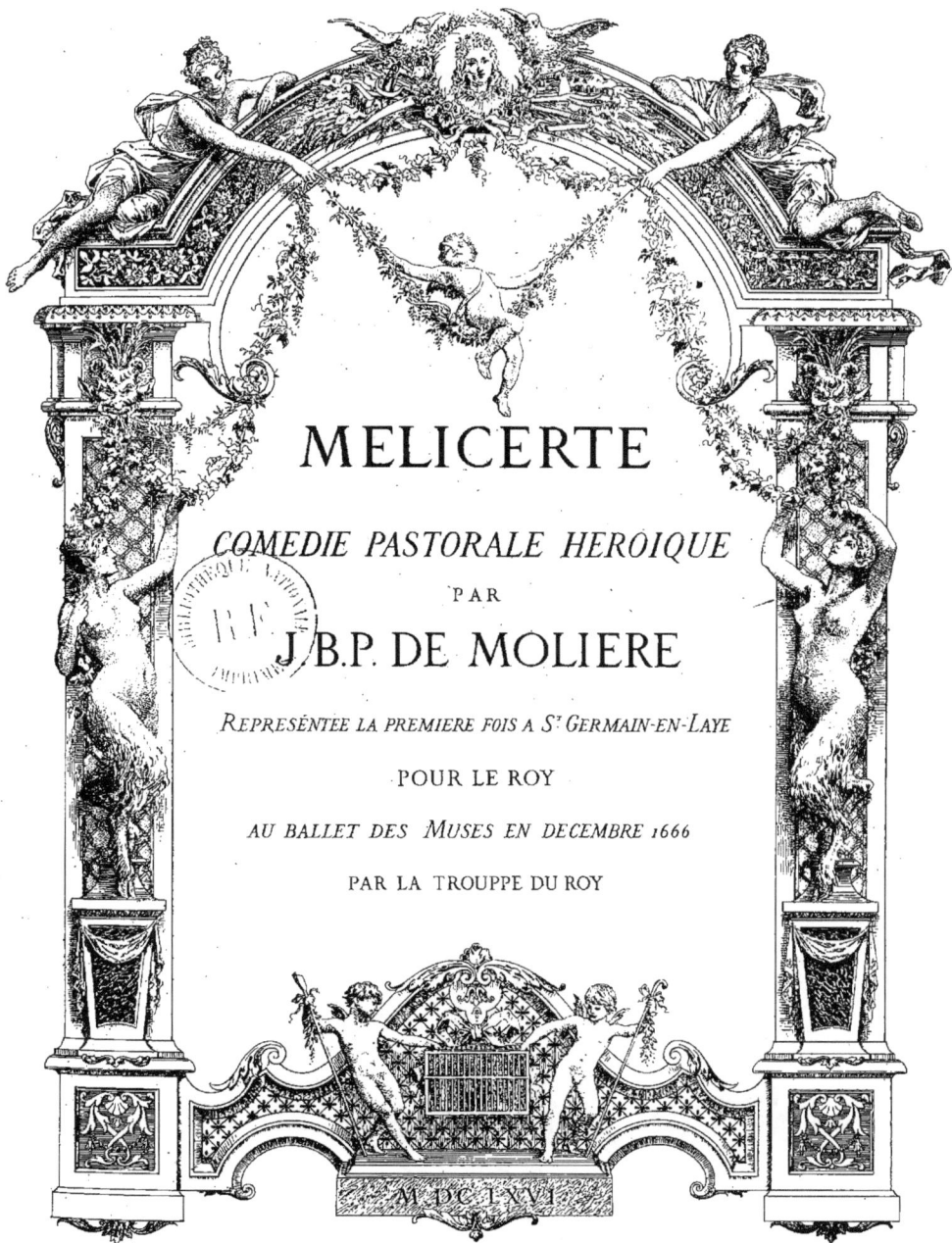

MELICERTE

COMEDIE PASTORALE HEROIQUE

PAR

J.B.P. DE MOLIERE

Representée la premiere fois a St Germain-en-Laye

POUR LE ROY

au ballet des Muses en decembre 1666

PAR LA TROUPPE DU ROY

MDCLXVI

PERSONNAGES

ACANTE, Amant de Daphné.

TYRÈNE, Amant d'Eroxène.

DAPHNÉ, Bergère.

EROXÈNE, Bergère.

LYCARSIS, Pastre, crû père de Myrtil.

MYRTIL, Amant de Mélicerte.

MÉLICERTE, Nymphe ou Bergère,
   Amante de Myrtil.

CORINE, Confidente de Mélicerte.

NICANDRE, Berger.

MOPSE, Berger, crû Oncle de Mélicerte.

La scène est en Thessalie, dans la vallée de Tempé.

Tu me plais loin de moi.

MÉLICERTE

ACTE PREMIER

SCÈNE PREMIÈRE

TYRÈNE, DAPHNÉ, ACANTE, ÉROXÈNE

ACANTE

H, charmante Daphné...

TYRÈNE

Trop aimable Éroxène...

DAPHNÉ

Acante, laisse-moy.

ÉROXÈNE

Ne me suis point, Tyrène.

XVIII.   1

ACANTE

Pourquoy me chasses-tu ?

TYRÈNE

Pourquoy fuis-tu mes pas ?

DAPHNÉ

Tu me plais loin de moy.

ÉROXÈNE

Je m'ayme où tu n'es pas.

ACANTE

Ne cesseras-tu point cette rigueur mortelle ?

TYRÈNE

Ne cesseras-tu point de m'estre si cruelle ?

DAPHNÉ

Ne cesseras-tu point tes inutiles vœux ?

ÉROXÈNE

Ne cesseras-tu point de m'estre si fâcheux ?

ACANTE

Si tu n'en prends pitié, je succombe à ma peine.

TYRÈNE

Si tu ne me secours, ma mort est trop certaine.

DAPHNE

Si tu ne veux partir, je vais quitter ce lieu.

ÉROXÈNE

Si tu veux demeurer, je te vais dire adieu.

ACANTE

Hé bien, en m'éloignant, je te vais satisfaire.

TYRÈNE

Mon départ va t'oster ce qui peut te déplaire.

ACANTE

Généreuse Éroxène, en faveur de mes feux,
Daigne au moins, par pitié, luy dire un mot ou deux.

TYRÈNE

Obligeante Daphné, parle à cette inhumaine,
Et sçache d'où pour moy procède tant de haine.

SCÈNE II

D'APHNÉ, ÉROXÈNE

ÉROXÈNE

Acante a du mérite, et t'aime tendrement ;
D'où vient que tu luy fais un si dur traitement ?

DAPHNÉ

Tyrène vaut beaucoup, et languit pour tes charmes ;
D'où vient que, sans pitié, tu vois couler ses larmes ?

ÉROXENE

Puis que j'ay fait icy la demande avant toy,
La Raison te condamne à répondre avant moy.

DAPHNÉ

Pour tous les soins d'Acante on me voit inflexible,
Parce qu'à d'autres vœux je me trouve sensible.

ÉROXÈNE

Je ne fais pour Tyrène éclater que rigueur,
Parce qu'un autre choix est maistre de mon cœur.

DAPHNÉ

Puis-je sçavoir de toy ce choix qu'on te voit taire ?

ÉROXÈNE

Ouy, si tu veux du tien m'apprendre le mistère.

DAPHNÉ

Sans te nommer celuy qu'Amour m'a fait choisir,
Je puis facilement contenter ton desir,
Et, de la main d'Atis, ce Peintre inimitable,
J'en garde, dans ma poche, un portrait admirable,
Qui, jusqu'au moindre trait, luy ressemble si fort
Qu'il est seur que tes yeux le connoistront d'abord.

ÉROXÈNE

Je puis te contenter par une mesme voye
Et payer ton secret en pareille monnoye,

J'ay, de la main aussi de ce Peintre fameux,
Un aimable Portrait de l'objet de mes vœux,
Si plein de tous ses traits et de sa grâce extrême
Que tu pourras d'abord te le nommer toy-mesme.

DAPHNÈ

La boëte, que le Peintre a fait faire pour moy,
Est tout-à-fait semblable à celle que je voy!

ÉROXÈNE

Il est vray; l'une à l'autre entièrement ressemble,
Et, certe, il faut qu'Atis les ait fait faire ensemble.

DAPHNÉ

Faisons, en mesme temps, par un peu de couleurs,
Confidence à nos yeux du secret de nos cœurs.

ÉROXÈNE

Voyons à qui plus viste entendra ce langage,
Et qui parle le mieux de l'un ou l'autre ouvrage.

DAPHNÉ

La méprise est plaisante, et tu te brouilles bien;
Au lieu de ton Portrait tu m'as rendu le mien.

ÉROXÈNE

Il est vray; je ne sçay comme j'ay fait la chose.

DAPHNÉ

Donne. De cette erreur ta resverie est cause.

ÉROXÈNE

Que veut dire cecy ? Nous nous jouons, je croy;
Tu fais de ces Portraits mesme chose que moy.

DAPHNÉ

Certes, c'est pour en rire, et tu peux me le rendre.

ÉROXÈNE

Voicy le vray moyen de ne se point méprendre.

DAPHNÉ

De mes sens prévenus est-ce une illusion ?

ÉROXÈNE

Mon ame sur mes yeux fait-elle impression ?

DAPHNÉ

Myrtil à mes regards s'offre dans cet ouvrage;

ÉROXÈNE

De Myrtil, dans ces traits, je rencontre l'image.

DAPHNÉ

C'est le jeune Myrtil qui fait naistre mes feux;

ÉROXÈNE

C'est au jeune Myrtil que tendent tous mes vœux.

DAPHNÉ

Je venois aujourd'huy te prier de luy dire
Les soins que, pour son sort, son mérite m'inspire;

ÉROXÈNE

Je venois te chercher pour servir mon ardeur,
Dans le dessein que j'ay de m'assurer son cœur.

DAPHNÉ

Cette ardeur qu'il t'inspire est-elle si puissante ?

ÉROXÈNE

L'aimes-tu d'une amour qui soit si violente ?

DAPHNÉ

Il n'est point de froideur qu'il ne puisse enflamer,
Et sa grace naissante a de quoy tout charmer;

ÉROXÈNE

Il n'est Nymphe en l'aimant qui ne se tînt heureuse,
Et Diane, sans honte, en seroit amoureuse.

DAPHNÉ

Rien que son air charmant ne me touche aujourd'huy,
Et, si j'avois cent cœurs, ils seroient tous pour luy;

ÉROXÈNE

Il efface à mes yeux tout ce qu'on voit paroistre,
Et, si j'avois un Sceptre, il en seroit le Maistre.

DAPHNÉ

Ce seroit donc en vain qu'à chacune, en ce jour,
On nous voudroit du sein arracher cet amour;
Nos ames dans leurs vœux sont trop bien affermies;

Ne taschons, s'il se peut, qu'à demeurer amies;
Et, puis qu'en mesme tems, pour le mesme sujet,
Nous avons, toutes deux, formé mesme projet,
Mettons dans ce débat la franchise en usage;
Ne prenons, l'une et l'autre, aucun lâche avantage,
Et courons nous ouvrir ensemble à Lycarsis
Des tendres sentimens où nous jette son fils.

ÉROXÈNE

J'ay peine à concevoir, tant la surprise est forte,
Comme un tel fils est né d'un père de la sorte,
Et sa taille, son air, sa parole et ses yeux,
Feroient croire qu'il est issu du sang des Dieux;
Mais enfin, j'y souscris, courons trouver ce père,
Allons-luy de nos cœurs découvrir le mistère,
Et consentons qu'après, Myrtil, entre nous deux,
Décide, par son choix, ce combat de nos vœux.

DAPHNÉ

Soit. Je voy Lycarsis avec Mopse et Nicandre;
Ils pourront le quitter, cachons-nous pour attendre.

SCÈNE III

LYCARSIS, MOPSE, NICANDRE

NICANDRE

Dy-nous donc ta nouvelle.

LYCARSIS

Ah, que vous me pressez !
Cela ne se dit pas comme vous le pensez.

MOPSE

Que de sottes façons et que de badinage !
Ménalque, pour chanter, n'en fait pas davantage.

LYCARSIS

Parmi les curieux des affaires d'Estat,
Une Nouvelle à dire est d'un puissant éclat.
Je me veux mettre un peu sur l'Homme d'importance,
Et jouir quelque tems de vostre impatience.

NICANDRE

Veux-tu, par tes délais, nous fatiguer tous deux ?

MOPSE

Prens-tu quelque plaisir à te rendre fascheux ?

NICANDRE

De grace, parle, et mets ces mines en arrière.

LYCARSIS

Priez-moy donc tous deux de la bonne manière,
Et me dites chacun quel don vous me ferez,
Pour obtenir de moy ce que vous desirez.

MOPSE

La peste soit du fat. Laissons-le là, Nicandre ;

XVIII.   2

Il brûle de parler, bien plus que nous d'entendre ;
Sa Nouvelle lui pèse, il veut s'en décharger,
Et, ne l'écouter pas, est le faire enrager.

LYCARSIS

Eh ?

NICANDRE

Te voilà puny de tes façons de faire.

LYCARSIS

Je m'en vais vous le dire ; écoutez.

MOPSE

Point d'affaire.

LYCARSIS

Quoy, vous ne voulez pas m'entendre ?

NICANDRE

Non.

LYCARSIS

Et bien
Je ne diray donc mot, et vous ne sçaurez rien.

MOPSE

Soit.

LYCARSIS

Vous ne sçaurez pas qu'avec magnificence
Le Roy vient d'honorer Tempé de sa présence ;
Qu'il entra dans Larisse, hier sur le haut du jour ;

Qu'à l'aise je l'y vis avec toute sa Cour ;
Que ces bois vont jouir aujourd'huy de sa veue,
Et qu'on raisonne fort touchant cette venue.

NICANDRE

Nous n'avons pas envie aussi de rien scavoir.

LYCARSIS

Je vis cent choses là, ravissantes à voir.
Ce ne sont que Seigneurs, qui, des pieds à la teste,
Sont brillans et parez comme au jour d'une Feste ;
Ils surprennent la veue, et nos préz, au Printemps,
Avec toutes leurs fleurs sont bien moins éclatans.
Pour le Prince, entre tous sans peine on le remarque,
Et, d'une stade loin, il sent son grand Monarque.
Dans toute sa personne, il a je ne scay quoy,
Qui d'abord fait juger que c'est un maître Roy ;
Il le fait d'une grâce à nulle autre seconde,
Et cela, sans mentir, luy sied le mieux du monde.
On ne croiroit jamais comme, de toutes parts,
Toute sa Cour s'empresse à chercher ses regards ;
Ce sont autour de luy confusions plaisantes,
Et l'on diroit d'un tas de mouches reluisantes
Qui suivent en tous lieux un doux rayon de miel.
Enfin l'on ne voit rien de si beau sous le Ciel,
Et la Feste de Pan, parmy nous si chérie,
Auprès de ce spectacle est une gueuserie.

Mais, puis que sur le fier vous vous tenez si bien,
Je garde ma Nouvelle, et ne veux dire rien.

MOPSE

Et nous ne te voulons aucunement entendre.

LYCARSIS

Allez vous promener.

MOPSE

Va-t-en te faire pendre.

SCÈNE IV

ÉROXÈNE, DAPHNÉ, LYCARSIS

LYCARSIS

C'est de cette façon que l'on punit les gens,
Quand ils font les bénêts et les impertinens.

DAPHNÉ

Le Ciel tienne, Pasteur, vos brebis toujours saines ;

ÉROXÈNE

Cérès tienne de grains vos granges toujours pleines ;

LYCARSIS

Et le grand Pan vous donne à chacune un Epoux,
Qui vous aime beaucoup, et soit digne de vous.

DAPHNÉ

Ah, Lycarsis, nos vœux à mesme but aspirent;

ÉROXÈNE

C'est pour le mesme objet que nos deux cœurs soupirent;

DAPHNÉ

Et l'Amour, cet Enfant qui cause nos langueurs,
A pris chez vous le trait dont il blesse nos cœurs,

ÉROXÈNE

Et nous venons icy chercher vostre alliance,
Et voir qui de nous deux aura la préférance.

LYCARSIS

Nymphes...

DAPHNÉ

Pour ce bien seul, nous poussons des soupirs.

LYCARSIS

Je suis...

ÉROXÈNE

A ce bonheur tendent tous nos desirs.

DAPHNÉ

C'est un peu librement exprimer sa pensée;

LYCARSIS

Pourquoy ?

ÉROXÈNE

La bienséance y semble un peu blessée.

LYCARSIS

Ah, point.

DAPHNÉ

Mais, quand le cœur brûle d'un noble feu,
On peut, sans nulle honte, en faire un libre aveu;

LYCARSIS

Je...

ÉROXÈNE

Cette liberté nous peut estre permise,
Et du choix de nos cœurs la beauté l'autorise.

LYCARSIS

C'est blesser ma pudeur que me flater ainsi.

ÉROXÈNE

Non, non, n'affectez point de modestie icy.

DAPHNÉ

Enfin, tout notre bien est en votre puissance;

ÉROXÈNE

C'est de vous que dépend nostre unique espérance.

DAPHNÉ

Trouverons-nous en vous quelques difficultez ?

LYCARSIS

Ah !

ÉROXÈNE

Nos vœux, dites-moy, seront-ils rejettéz ?

LYCARSIS

Non, j'ay reçeu du Ciel une ame peu cruelle ;
Je tiens de feu ma Femme, et je me sens, comme elle,
Pour les desirs d'autruy beaucoup d'humanité,
Et je ne suis point homme à garder de fierté.

DAPHNÉ

Accordez donc Myrtil à nostre amoureux zèle,

ÉROXÈNE

Et souffrez que son choix règle nostre querelle.

LYCARSIS

Myrtil ?

DAPHNÉ

Ouy. C'est Myrtil que de vous nous voulons.

ÉROXÈNE

De qui pensez-vous donc qu'icy nous vous parlons ?

LYCARSIS

Je ne sçay ; mais Myrtil n'est guère dans un âge
Qui soit propre à ranger au joug du mariage.

DAPHNÉ

Son mérite naissant peut frapper d'autres yeux,
Et l'on veut s'engager un bien si précieux,
Prévenir d'autres cœurs, et braver la Fortune
Sous les fermes liens d'une chaisne commune.

ÉROXÈNE

Comme, par son esprit et ses autres brillans
Il rompt l'ordre commun et devance le temps,
Nostre flâme pour luy veut en faire de mesme,
Et régler tous ses vœux sur son mérite extrême.

LYCARSIS

Il est vray qu'à son âge il surprend quelquefois ;
Et cet Athénien, qui fut chez moy vingt mois,
Qui, le trouvant joly, se mit en fantaisie
De luy remplir l'esprit de sa philosophie,
Sur de certains discours l'a rendu si profond
Que, tout grand que je suis, souvent il me confond.
Mais, avec tout cela, ce n'est encor qu'enfance,
Et son fait est mêlé de beaucoup d'innocence.

DAPHNÉ

Il n'est point tant enfant, qu'à le voir chaque jour,
Je ne le croye atteint déjà d'un peu d'amour ;
Et plus d'une aventure à mes yeux s'est offerte,
Où j'ay connu qu'il suit la jeune Mélicerte.

ÉROXÈNE

Ils pourroient bien s'aimer ; et je voy...

LYCARSIS

                        Franc abus.
Pour elle, passe encore, elle a deux ans de plus,

Et deux ans, dans son sexe, est une grande avance.
Mais, pour luy, le jeu seul l'occupe tout, je pense,
Et les petits desirs de se voir ajusté
Ainsi que les Bergers de haute qualité.

DAPHNÉ

Enfin, nous desirons, par le nœud d'Hyménée,
Attacher sa fortune à nostre destinée ;

ÉROXÈNE

Nous voulons, l'une et l'autre avec pareille ardeur,
Nous assurer de loin l'empire de son cœur.

LYCARSIS

Je m'en tiens honoré autant qu'on sçauroit croire.
Je suis un pauvre Pastre, et ce m'est trop de gloire
Que deux Nymphes, d'un rang le plus haut du Païs,
Disputent à se faire un époux de mon fils.
Puisqu'il vous plaist qu'ainsi la chose s'exécute,
Je consens que son choix règle vostre dispute,
Et celle qu'à l'écart laissera cet arrest
Pourra, pour son recours, m'épouser, s'il luy plaist ;
C'est toujours même sang, et presque même chose.
Mais le voicy. Souffrez qu'un peu je le dispose ;
Il tient quelque moineau, qu'il a pris fraischement,
Et voilà ses amours et son attachement.

XVIII.　　　　　　　　　　　　　　　　　　3

SCÈNE V

MYRTIL, LYCARSIS, ÉROXÈNE, DAPHNÉ

MYRTIL

Innocente petite beste,
Qui, contre ce qui vous arreste,
Vous débattez tant à mes yeux,
De vostre liberté ne plaignez point la perte,
Vostre destin est glorieux;
Je vous ay pris pour Mélicerte.

Elle vous baisera, vous prenant dans sa main,
Et de vous mettre en son sein
Elle vous fera la grâce.
Est-il un sort au Monde et plus doux et plus beau?
Et qui des Rois, hélas, heureux petit moineau,
Ne voudroit estre en vostre place?

LYCARSIS

Myrtil, Myrtil, un mot. Laissons-là ces joyaux;
Il s'agit d'autre chose icy que de moineaux.
Ces deux Nymphes, Myrtil, à la fois te prétendent,
Et, tout jeune, déjà pour époux te demandent;
Je dois, par un Hymen, t'engager à leurs vœux,
Et c'est toy que l'on veut qui choisisse des deux.

MYRTIL

Ces Nymphes ?

LYCARSIS

Ouy. Des deux, tu peux en choisir une.
Voy quel est ton bonheur, et bénis la Fortune.

MYRTIL

Ce choix qui m'est offert, peut-il m'estre un bonheur
S'il n'est aucunement souhaité de mon cœur ?

LYCARSIS

Enfin, qu'on le reçoive, et que, sans le confondre,
A l'honneur qu'elles font on songe à bien répondre.

ÉROXÈNE

Malgré cette fierté qui règne parmy nous,
Deux Nymphes, ô Myrtil, viennent s'offrir à vous,
Et de vos qualitez les merveilles écloses
Font que nous renversons icy l'ordre des choses.

DAPHNÉ

Nous vous laissons, Myrtil, pour l'avis le meilleur
Consulter, sur ce choix, vos yeux et vostre cœur,
Et nous n'en voulons point prévenir les suffrages
Par un récit paré de tous nos avantages.

MYRTIL

C'est me faire un honneur dont l'éclat me surprend ;
Mais cet honneur pour moy, je l'avoue, est trop grand.

A vos rares bontez il faut que je m'oppose ;
Pour mériter ce sort, je suis trop peu de chose,
Et je serois fasché, quels qu'en soient les appas,
Qu'on vous blâmast pour moy de faire un choix trop bas.

ÉROXÈNE

Contentez nos desirs, quoy qu'on en puisse croire,
Et ne vous chargez point du soin de nostre gloire.

DAPHNÉ

Non, ne descendez point dans ces humilitez,
Et laissez-nous juger ce que vous méritez.

MYRTIL

Le choix qui m'est offert s'oppose à vostre attente,
Et peut seul empescher que mon cœur vous contente.
Le moyen de choisir de deux grandes beautez,
Egales en naissance et rares qualitez ?
Rejetter l'une ou l'autre est un crime effroyable,
Et n'en choisir aucune est bien plus raisonnable.

ÉROXÈNE

Mais, en faisant refus de répondre à nos vœux,
Au lieu d'une, Myrtil, vous en outragez deux ;

DAPHNÉ

Puisque nous consentons à l'arrest qu'on peut rendre,
Ces raisons ne font rien à vouloir s'en défendre.

MYRTIL

Hé bien, si ces raisons ne vous satisfont pas,
Celle-cy le fera. J'aime d'autres appas,
Et je sens bien qu'un cœur, qu'un bel objet engage,
Est insensible et sourd à tout autre avantage.

LYCARSIS

Comment donc ! Qu'est-ce cy ? Qui l'eust pû présumer ?
Et sçavez-vous, morveux, ce que c'est que d'aimer ?

MYRTIL

Sans sçavoir ce que c'est, mon cœur a sçeu le faire.

LYCARSIS

Mais cet amour me choque, et n'est pas nécessaire.

MYRTIL

Vous ne deviez donc pas, si cela vous déplaist,
Me faire un cœur sensible et tendre, comme il est.

LYCARSIS

Mais ce cœur, que j'ay fait, me doit obéissance.

MYRTIL

Ouy, lors que d'obéir il est en sa puissance.

LYCARSIS

Mais enfin, sans mon ordre, il ne doit point aimer.

MYRTIL

Que n'empeschiez-vous donc que l'on peust le charmer ?

LYCARSIS

Hé bien, je vous défens que cela continue.

MYRTIL

La défense, j'ay peur, sera trop tard venue.

LYCARSIS

Quoy, les pères n'ont pas des droits supérieurs ?

MYRTIL

Les Dieux, qui sont bien plus, ne forcent point les cœurs.

LYCARSIS

Les Dieux... Paix, petit sot. Cette philosophie
Me...

DAPHNÉ

Ne vous mettez point en courroux, je vous prie.

LYCARSIS

Non, je veux qu'il se donne à l'une pour époux,
Ou je vay luy donner le fouet tout devant vous.
Ah, ah. Je vous feray sentir que je suis père.

DAPHNÉ

Traitons, de grâce, icy les choses sans colère.

ÉROXÈNE

Peut-on sçavoir de vous cet objet si charmant
Dont la beauté, Myrtil, vous a fait son Amant ?

MYRTIL

Mélicerte, Madame. Elle en peut faire d'autres.

ÉROXÈNE

Vous comparez, Myrtil, ses qualités aux nostres ?

DAPHNÉ

Le choix d'elle et de nous est assez inégal.

MYRTIL

Nymphes, au nom des Dieux, n'en dites point de mal;
Daignez considérer, de grace, que je l'aime,
Et ne me jettez point dans un désordre extrême.
Si j'outrage, en l'aimant, vos célestes attraits,
Elle n'a point de part au crime que je fais;
C'est de moy, s'il vous plaist, que vient toute l'offense.
Il est vray, d'elle à vous je sçay la différence,
Mais, par sa Destinée on se trouve enchaisné,
Et je sens bien enfin que le Ciel m'a donné
Pour vous tout le respect, Nymphes, imaginable;
Pour elle, tout l'amour dont une ame est capable.
Je vois, à la rougeur qui vient de vous saisir,
Que ce que je vous dy ne vous fait pas plaisir.
Si vous parlez, mon cœur appréhende d'entendre
Ce qui peut le blesser par l'endroit le plus tendre,
Et, pour me dérober à de semblables coups,
Nymphes, j'aime bien mieux prendre congé de vous.

LYCARSIS

Myrtil ; holà, Myrtil. Veux-tu revenir, traistre ?
— Il fuit ; mais on verra qui de nous est le maistre.
Ne vous effrayez point de tous ces vains transports ;
Vous l'aurez pour époux, j'en réponds corps pour corps.

Recevez-en ici la foi que je vous donne ;

ACTE II

SCÈNE PREMIÈRE

MÉLICERTE, CORINE

MÉLICERTE

A H, Corine, tu viens de l'apprendre de Stelle,
Et c'est de Lycarsis qu'elle
  tient la nouvelle ?

CORINE

Ouy.

MÉLICERTE

Que les qualitéz, dont
Myrtil est orné,
Ont sçeu toucher d'amour Éroxène et Daphné ?

XVIII.   4

CORINE

Ouy.

MÉLICERTE

Que, pour l'obtenir, leur ardeur est si grande
Qu'ensemble elles en ont déjà fait la demande?
Et que, dans ce débat, elles ont fait dessein
De passer, dès cette heure, à recevoir sa main?
Ah, que tes mots ont peine à sortir de ta bouche,
Et que c'est foiblement que mon soucy te touche!

CORINE

Mais quoy? Que voulez-vous? C'est là la vérité,
Et vous redites tout, comme je l'ay conté.

MÉLICERTE

Mais comment Lycarsis reçoit-il cette affaire?

CORINE

Comme un honneur, je croy, qui doit beaucoup luy plaire.

MÉLICERTE

Et ne vois-tu pas bien, toy, qui sçais mon ardeur,
Qu'avec ce mot, hélas, tu me perces le cœur?

CORINE

Comment?

MÉLICERTE

Me mettre aux yeux que le Sort, implacable,

Auprès d'elles me rend trop peu considérable,
Et qu'à moy, par leur Rang, on les va préférer,
N'est-ce pas une idée à me désespérer ?

CORINE

Mais quoy ! Je vous réponds, et dis ce que je pense.

MÉLICERTE

Ah, tu me fais mourir par ton indifférence !
Mais, dy, quels sentimens Myrtil a-t-il fait voir ?

CORINE

Je ne sçay.

MÉLICERTE

      Et c'est là ce qu'il faloit sçavoir,
Cruelle.

CORINE

      En vérité, je ne sçay comment faire,
Et, de tous les costez, je trouve à vous déplaire.

MÉLICERTE

C'est que tu n'entres point dans tous les mouvemens
D'un cœur, hélas, remply de tendres sentimens.
Va-t-en, laisse-moy seule, en cette solitude,
Passer quelques momens de mon inquiétude.

SCÈNE II

MÉLICERTE

Vous le voyez, mon Cœur, ce que c'est que d'aimer,
Et Bélise avoit sçeu trop bien m'en informer.
Cette charmante mère, avant sa destinée,
Me disoit une fois, sur le bord du Pénée :
Ma fille, songe à toy ; l'amour aux jeunes cœurs
Se présente toûjours entouré de douceurs ;
D'abord il n'offre aux yeux que choses agréables,
Mais il traisne après luy des troubles effroyables,
Et, si tu veux passer tes jours dans quelque paix,
Toûjours, comme d'un mal, défends toy de ses traits.
De ces leçons, mon Cœur, je m'étois souvenue ;
Et, quand Myrtil venoit à s'offrir à ma veue,
Qu'il jouoit avec moy, qu'il me rendoit des soins,
Je vous disois toujours de vous y plaire moins.
Vous ne me creustes point, et vostre complaisance
Se vit bien tost changée en trop de bienveillance ;
Dans ce naissant amour, qui flatoit vos desirs,
Vous ne vous figuriez que joye et que plaisirs ;
Cependant vous voyez la cruelle disgrace,
Dont, en ce triste jour, le Destin vous menace,
Et la peine mortelle où vous voilà réduit.

Ah, mon Cœur, ah, mon Cœur, je vous l'avois bien dit.
Mais tenons, s'il se peut, nostre douleur couverte;
Voicy...

SCÈNE III

MYRTIL, MÉLICERTE

MYRTIL

  J'ay fait tantost, charmante Mélicerte,
Un petit prisonnier, que je garde pour vous,
Et dont peut-estre, un jour, je deviendray jaloux.
C'est un jeune moineau, qu'avec un soin extrême
Je veux, pour vous l'offrir, apprivoiser moy-même.
Le présent n'est pas grand, mais les Divinitez
Ne jettent leurs regards que sur les volontez.
C'est le cœur qui fait tout, et jamais la richesse
Des présens que... Mais, ciel, d'où vient cette tristesse?
Qu'avez-vous, Mélicerte, et quel sombre chagrin
Seroit dans vos beaux yeux répandu ce matin?
Vous ne répondez point? Et ce morne silence
Redouble encor ma peine et mon impatience.
Parlez. De quel ennuy ressentez-vous les coups?
Qu'est-ce donc?

MÉLICERTE

Ce n'est rien.

MYRTIL

Ce n'est rien, dites-vous,
Et je vois cependant vos yeux couverts de larmes ;
Cela s'accorde-t-il, beauté pleine de charmes ?
Ah ! Ne me faites point un secret dont je meurs,
Et m'expliquez, hélas ! ce que disent ces pleurs.

MÉLICERTE

Rien ne me serviroit de vous le faire entendre.

MYRTIL

Devez-vous rien avoir que je ne doive apprendre ?
Et ne blessez-vous pas nostre amour aujourd'hui,
De vouloir me voler ma part de vostre ennuy ?
Ah ! Ne le cachez point à l'ardeur qui m'inspire.

MÉLICERTE

Hé bien, Myrtil, hé bien, il faut donc vous le dire.
J'ay sçeu que, par un choix plein de gloire pour vous,
Eroxène et Daphné vous veulent pour époux ;
Et je vous avoueray que j'ay cette foiblesse
De n'avoir pû, Myrtil, le sçavoir sans tristesse,
Sans accuser du Sort la rigoureuse loy,
Qui les rend, dans leurs vœux, préférables à moy.

MYRTIL

Et vous pouvez l'avoir, cette injuste tristesse ?
Vous pouvez soupçonner mon amour de foiblesse ?

Et croire qu'engagé par des charmes si doux,
Je puisse estre jamais à quelqu'autre qu'à vous ?
Que je puisse accepter une autre main offerte ?
Hé, que vous ay-je fait, cruelle Mélicerte,
Pour traiter ma tendresse avec tant de rigueur,
Et faire un jugement si mauvais de mon cœur ?
Quoy, faut-il que de luy vous ayez quelque crainte ?
Je suis bien malheureux de souffrir cette atteinte ;
Et que me sert d'aimer comme je fais, hélas !
Si vous estes si preste à ne le croire pas !

MÉLICERTE

Je pourrois moins, Myrtil, redouter ces Rivales,
Si les choses estoient, de part et d'autre, égales ;
Et, dans un Rang pareil, j'oserois espérer
Que peut-être l'Amour me feroit préférer ;
Mais l'inégalité de bien et de naissance,
Qui peut, d'elles à moy, faire la différence...

MYRTIL

Ah, leur Rang de mon cœur ne viendra pas à bout,
Et vos divins appas vous tiennent lieu de tout !
Je vous aime, il suffit, et, dans vostre personne,
Je vois Rang, Biens, Trésors, Etats, Sceptre, Couronne,
Et, des Rois les plus grands m'offrît-on le pouvoir,
Je n'y changerois pas le bien de vous avoir.

C'est une vérité, toute sincère et pure,
Et pouvoir en douter est me faire une injure.

MÉLICERTE

Hé bien, je croy, Myrtil, puis que vous le voulez,
Que vos vœux par leur Rang ne sont point ébranlez.
Et que, bien qu'elles soient Nobles, riches et belles,
Vostre cœur m'aime assez pour me mieux aimer qu'elles;
Mais ce n'est pas l'Amour dont vous suivez la voix.
Vostre père, Myrtil, réglera vostre choix;
Et, de mesme qu'à vous je ne luy suis pas chère,
Pour préférer à tout une simple Bergère.

MYRTIL

Non, chère Mélicerte, il n'est père ny Dieux
Qui me puisse forcer à quiter vos beaux yeux;
Et toujours, de mes vœux Reyne comme vous estes...

MÉLICERTE

Ah, Myrtil, prenez garde à ce qu'ici vous faites,
N'allez point présenter un espoir à mon Cœur,
Qu'il recevroit peut-estre avec trop de douceur,
Et qui, tombant après comme un éclair qui passe,
Me rendroit plus cruel le coup de ma disgrâce.

MYRTIL

Quoy, faut-il des sermens appeler le secours,
Lors que l'on vous promet de vous aimer toujours ?

Que vous vous faites tort par de telles alarmes,
Et connoissez bien peu le pouvoir de vos charmes !
Hé bien, puis qu'il le faut, je jure par les Dieux,
Et, si ce n'est assez, je jure par vos yeux,
Qu'on me tuera plûtost que je vous abandonne.
Recevez-en ici la foy que je vous donne,
Et souffrez que ma bouche, avec ravissement,
Sur cette belle main en signe le serment.

MÉLICERTE

Ah, Myrtil, levez-vous de peur qu'on ne nous voye !

MYRTIL

Est-il rien... Mais, ô Ciel, on vient troubler ma joie !

SCÈNE IV

LYCARSIS, MYRTIL, MÉLICERTE

LYCARSIS

Ne vous contraignez pas pour moy.

MÉLICERTE

Quel sort fâcheux !

LYCARSIS

Cela ne va pas mal. Continuez tous deux.
Peste, mon petit fils, que vous avez l'air tendre,
XVIII.   5

Et qu'en maistre déjà vous sçavez vous y prendre !
Vous a-t-il, ce Sçavant, qu'Athènes exila,
Dans sa Philosophie appris ces choses-là ?
Et vous, qui luy donnez de si douce manière
Vostre main à baiser, la gentille Bergère,
L'Honneur vous apprend-il ces mignardes douceurs
Par qui vous débauchez ainsi les jeunes cœurs ?

MYRTIL

Ah, quittez de ces mots l'outrageante bassesse,
Et ne m'accablez point d'un discours qui la blesse !

LYCARSIS

Je veux luy parler, moy. Toutes ces amitiez...

MYRTIL

Je ne souffriray point que vous la maltraitiez.
A du respect pour vous la naissance m'engage ;
Mais je sçauray sur moy vous punir de l'outrage.
Ouy, j'atteste le Ciel que, si, contre mes vœux,
Vous luy dites encor le moindre mot fâcheux,
Je vais, avec ce fer qui m'en fera justice,
Au milieu de mon sein vous chercher un supplice,
Et, par mon sang versé, luy marquer promptement,
L'éclatant désaveu de vostre emportement.

MÉLICERTE

Non, non, ne croyez pas qu'avec art je l'enflâme,
Et que mon dessein soit de séduire son âme.

S'il s'attache à me voir, et me veut quelque bien,
C'est de son mouvement; je ne l'y force en rien.
Ce n'est pas que mon Cœur veuille icy se défendre
De répondre à ses vœux d'une ardeur assez tendre.
Je l'aime, je l'avoue, autant qu'on puisse aimer,
Mais cet amour n'a rien qui vous doive alarmer,
Et, pour vous arracher toute injuste créance,
Je vous promets icy d'éviter sa présence,
De faire place au choix où vous vous résoudrez,
Et ne souffrir ses vœux que quand vous le voudrez.

SCÈNE V

LYCARSIS, MYRTIL

MYRTIL

Hé bien, vous triomphez avec cette retraite,
Et, dans ces mots, vostre ame a ce qu'elle souhaite ;
Mais apprenez qu'en vain vous vous réjouissez,
Que vous serez trompé dans ce que vous pensez,
Et qu'avec tous vos soins, toute vostre puissance,
Vous ne gagnerez rien sur ma persévérance.

LYCARSIS

Comment, à quel orgueil, fripon, vous vois-je aller ?
Est-ce de la façon que l'on me doit parler ?

MYRTIL

Oui, j'ay tort, il est vray, mon transport n'est pas sage.
Pour rentrer au devoir, je change de langage,
Et je vous prie icy, mon père, au nom des Dieux,
Et par tout ce qui peut vous estre précieux,
De ne vous point servir, dans cette conjoncture,
Des fiers droits que sur moy vous donne la Nature ;
Ne m'empoisonnez point vos bienfaits les plus doux.
Le jour est un présent que j'ay reçeu de vous ;
Mais de quoy vous serai-je aujourd'hui redevable
Si vous me l'allez rendre, hélas, insupportable !
Il est, sans Mélicerte, un supplice à mes yeux ;
Sans ses divins appas, rien ne m'est précieux ;
Ils font tout mon bonheur et toute mon envie,
Et, si vous me l'ostez, vous m'arrachez la vie.

LYCARSIS

Aux douleurs de son ame il me fait prendre part.
Qui l'auroit jamais crû de ce petit pendart ?
Quel amour, quels transports, quels discours pour son âge!
J'en suis confus, et sens que cet amour m'engage.

MYRTIL

Voyez, me voulez-vous ordonner de mourir ?
Vous n'avez qu'à parler, je suis prest d'obéïr.

LYCARSIS

Je n'y puis plus tenir, il m'arrache des larmes,
Et ces tendres propos me font rendre les armes.

MYRTIL

Que si, dans vostre cœur, un reste d'amitié
Vous peut de mon destin donner quelque pitié,
Accordez Mélicerte à mon ardente envie,
Et vous ferez bien plus que me donner la vie.

LYCARSIS

Lève-toy.

MYRTIL

Serez-vous sensible à mes soûpirs ?

LYCARSIS

Ouy.

MYRTIL

J'obtiendray de vous l'objet de mes desirs ?

LYCARSIS

Ouy.

MYRTIL

Vous ferez pour moy que son Oncle l'oblige
A me donner sa main ?

LYCARSIS

Ouy. Lève-toy, te dis-je.

MYRTIL

O père, le meilleur qui jamais ait esté,
Que je baise vos mains, après tant de bonté.

LYCARSIS

Ah, que pour ses enfans un père a de foiblesse!
Peut-on rien refuser à leurs mots de tendresse,
Et ne se sent-on pas certains mouvemens doux
Quand on vient à songer que cela sort de vous ?

MYRTIL

Me tiendrez-vous au moins la parole avancée ?
Ne changerez-vous point, dites-moy, de pensée ?

LYCARSIS

Non.

MYRTIL

Me permettez-vous de vous désobéïr,
Si de ces sentimens on vous fait revenir ?
Prononcez le mot.

LYCARSIS

Ouy. — Ah, Nature, Nature. —
Je m'en vais trouver Mopse, et luy faire ouverture
De l'amour que sa Nièce et toy vous vous portez.

MYRTIL

Ah, que ne dois-je point à vos rares bontez!
— Quelle heureuse nouvelle à dire à Mélicerte!

Je n'accepterois pas une Couronne offerte,
Pour le plaisir que j'ay de courir lui porter
Ce merveilleux succèz qui la doit contenter.

SCÈNE VI

ACANTE, TYRÈNE, MYRTIL

ACANTE

Ah, Myrtil, vous avez du Ciel reçeu des charmes
Qui nous ont préparé des matières de larmes,
Et leur naissant éclat, fatal à nos ardeurs,
De ce que nous aimons nous enlève les cœurs.

TYRÈNE

Peut-on sçavoir, Myrtil, vers qui de ces deux Belles,
Vous tournerez ce choix, dont courent les Nouvelles ?
Et sur qui doit de nous tomber ce coup affreux,
Dont se voit foudroyé tout l'espoir de nos vœux ?

ACANTE

Ne faites point languir deux Amans davantage,
Et nous dites quel sort vostre cœur nous partage ;

TYRÈNE

Il vaut mieux, quand on craint ces malheurs éclatans,
En mourir tout d'un coup que traîner si long-temps.

MYRTIL

Rendez, nobles Bergers, le calme à votre flâme;
La belle Mélicerte a captivé mon âme.
Auprès de cet objet, mon sort est assez doux
Pour ne pas consentir à rien prendre sur vous,
Et, si vos vœux enfin n'ont que les miens à craindre,
Vous n'aurez, l'un ny l'autre, aucun lieu de vous plaindre.

ACANTE

Ah, Myrtil, se peut-il que deux tristes Amans...

TYRÈNE

Est-il vray que le Ciel, sensible à nos tourmens...

MYRTIL

Ouy. Content de mes fers comme d'une victoire,
Je me suis excusé de ce choix plein de gloire ;
J'ay de mon père encor changé les volontéz,
Et l'ay fait consentir à mes félicitéz.

ACANTE

Ah, que cette avanture est un charmant miracle,
Et qu'à nostre poursuite elle oste un grand obstacle !

TYRÈNE

Elle peut renvoyer ces Nymphes à nos vœux,
Et nous donner moyen d'estre contens tous deux.

SCÈNE VII

NICANDRE, MYRTIL, ACANTE, TYRÈNE

NICANDRE

Sçavez-vous en quel lieu Mélicerte est cachée ?

MYRTIL

Comment ?

NICANDRE

En diligence elle est par tout cherchée.

MYRTIL

Et pour quoy ?

NICANDRE

Nous allons perdre cette beauté.
C'est pour elle qu'icy le Roy s'est transporté ;
Avec un grand Seigneur on dit qu'il la marie.

MYRTIL

O Ciel ! Expliquez-moy ce discours, je vous prie,

NICANDRE

Ce sont des incidens grands et mystérieux.
Ouy, le Roy vient chercher Mélicerte en ces lieux ;
Et l'on dit qu'autrefois feu Bélise, sa mère,
Dont tout Tempé croyoit que Mopse étoit le frère...
Mais je me suis chargé de la chercher par tout ;
Vous sçaurez tout cela tantost, de bout en bout.

XVIII.   6

MYRTIL

Ah, Dieux, quelle rigueur! Hé, Nicandre, Nicandre!

ACANTE

Suivons aussi ses pas, afin de tout apprendre.

Cette Comédie n'a point esté achevée. Il n'y avoit que ces deux Actes de faits lors que le Roy la demanda. Sa Majesté en ayant esté satisfaite pour la Feste où elle fut représentée, le Sieur de Molière ne l'a point finie.

PASTORALE
COMIQUE

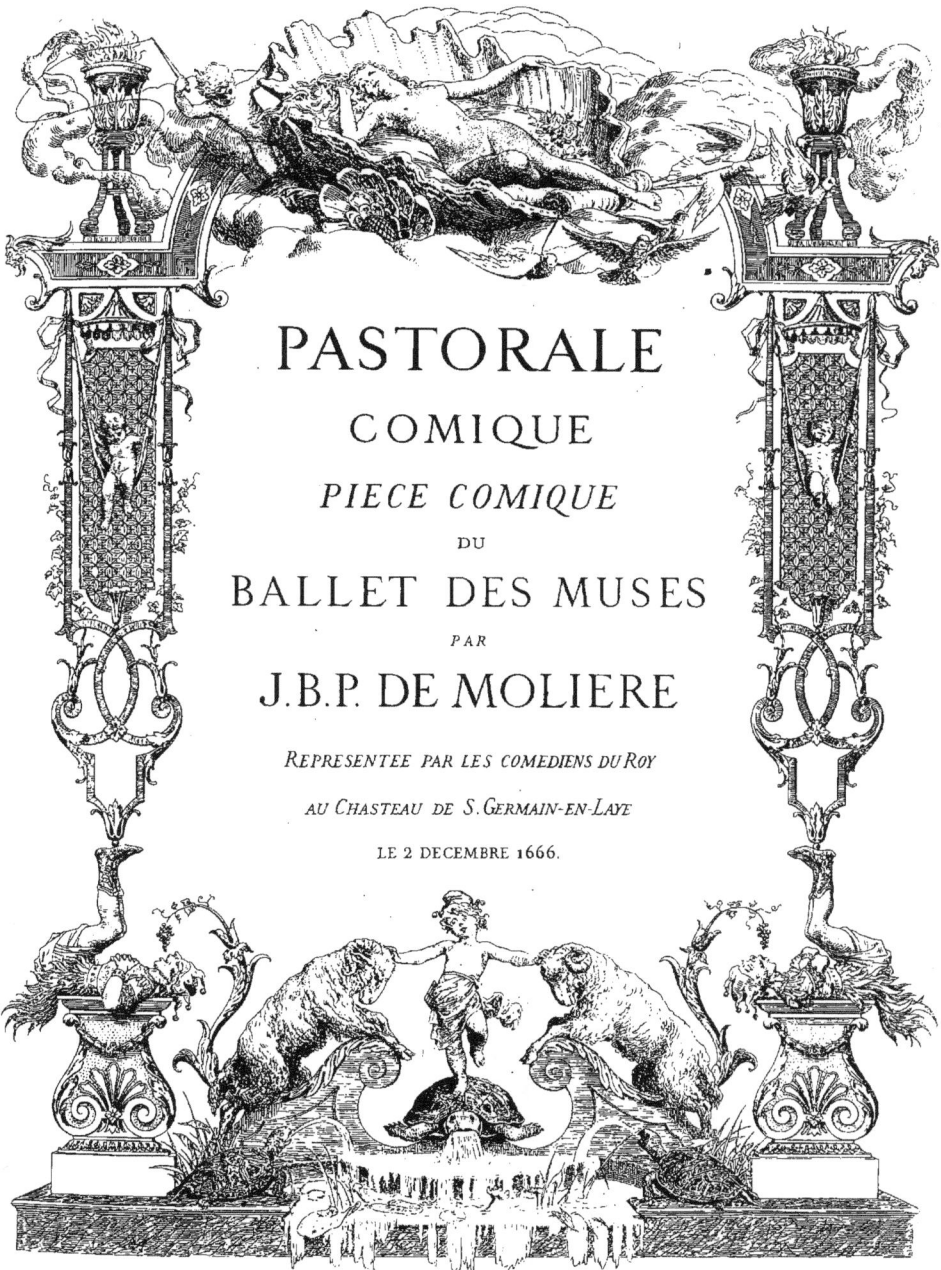

PASTORALE

COMIQUE

PIECE COMIQUE

DU

BALLET DES MUSES

PAR

J.B.P. DE MOLIERE

REPRESENTEE PAR LES COMEDIENS DU ROY

AU CHASTEAU DE S. GERMAIN-EN-LAYE

LE 2 DECEMBRE 1666.

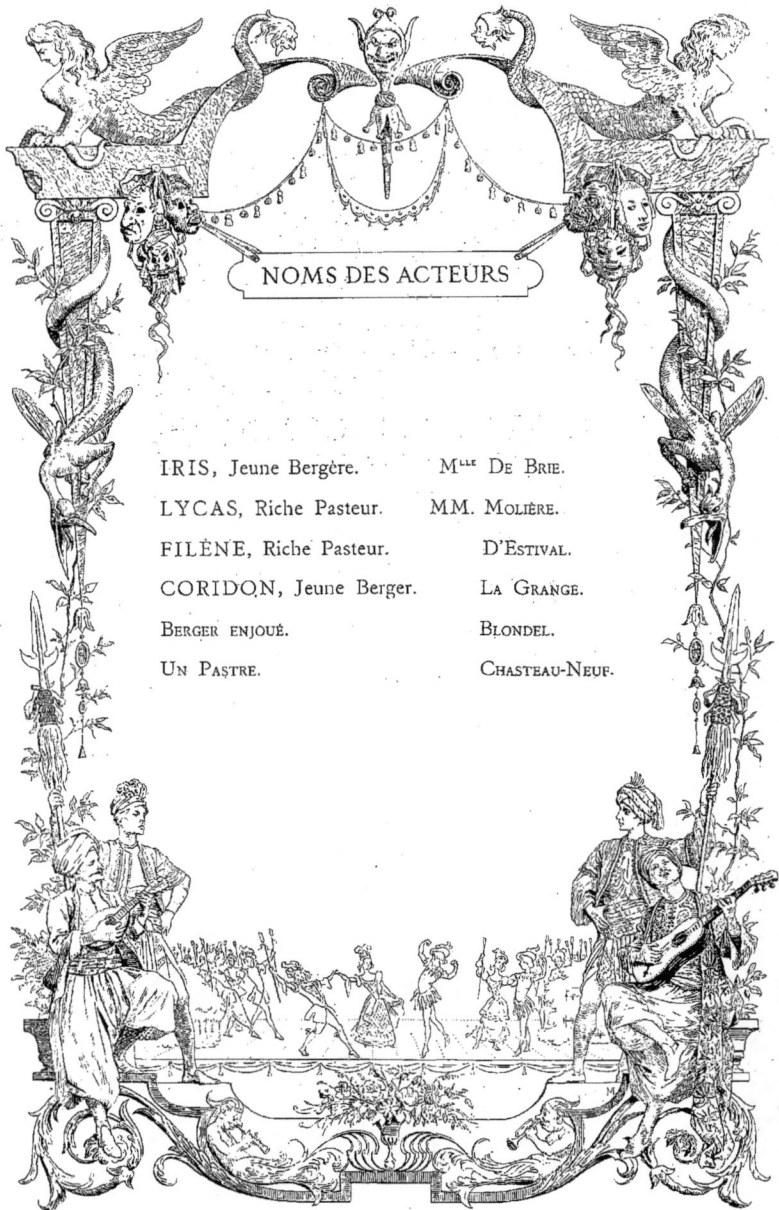

IRIS, Jeune Bergère.   Mlle DE BRIE.

LYCAS, Riche Pasteur.   MM. MOLIÈRE.

FILÈNE, Riche Pasteur.   D'ESTIVAL.

CORIDON, Jeune Berger.   LA GRANGE.

BERGER ENJOUÉ.   BLONDEL.

UN PASTRE.   CHASTEAU-NEUF.

PASTORALE COMIQUE

BALLET DES MUSES

III ENTRÉE

Talie, à qui la Comédie est consacrée, a, pour son partage, une Pièce Comique, représentée par les Comédiens du Roy — [*Molière* et sa Troupe] — et composée par celuy de tous nos Poëtes qui, dans ce genre d'écrire, peut le plus justement se comparer aux Anciens.

La première Scène est entre Lycas, riche Pasteur, et Coridon, son Confident.

La seconde Scène est une Cérémonie magique de Chantres et Danseurs.

Les deux Magiciens dansants sont les Sieurs *La Pierre* et *Favier*.

Les trois Magiciens assistans et chantans sont MM. *Le Gros*, *Don* et *Gaye*.

Ils chantent :

ÉESSE des appas,
   Ne nous refuse pas
La grâce qu'implorent nos
   bouches.
Nous t'en prions, par tes
   rubans,
Par tes boucles de dia-
   mans,
Ton rouge, ta poudre, tes mouches,
Ton masque, ta coëffe et tes gans.
O toi, qui peux rendre agréables
Les visages les plus mal faits,
Répans, Vénus, de tes attrais
Deux ou trois doses charitables
Sur ce museau tondu tout frais.
   Déesse des appas,
   Ne nous, etc...

   Ah, qu'il est beau
   Le jouvenceau !
Ah, qu'il est beau. Ah, qu'il est beau !
Qu'il va faire mourir de Belles !
Auprès de luy, les plus cruelles
Ne pourront tenir dans leur peau.

Ah, qu'il est beau
Le jouvenceau.
Ah, qu'il est beau. Ah, qu'il est beau !
Ho, ho, ho, ho, ho, ho !

Qu'il est joli,
Gentil, poli !
Qu'il est joli ! Qu'il est joli !
Est-il des yeux qu'il ne ravisse ?
Il passe en beauté feu Narcisse,
Qui fut un blondin accompli.
Qu'il est joli,
Gentil, poli !
Qu'il est joli ! Qu'il est joli !
Hi, hi, hi, hi, hi, hi.

Les Magiciens assistans et dançans sont les Sieurs Chicaneau, Bonard, Noblet le cadet, Arnald, Mayeu et Poignard.

La troisième Scène est entre Lycas et Filène, riches Pasteurs.

FILÈNE *chante :*

Paissez, chères brebis, les herbettes naissantes ;
Ces prés et ces ruisseaux ont de quoy vous charmer,
Mais, si vous desirez vivre toujours contentes,
            Petites innocentes,
            Gardez-vous bien d'aymer.

Lycas, voulant faire des vers, nomme le nom d'Iris, sa Maistresse,
dont FILÈNE *en colère chante :*

Est-ce toy que j'entens, téméraire ? Est-ce toy,
Qui nommes la beauté qui me tient sous sa loy ?

LYCAS *répond :*

Ouy, c'est moy ; ouy, c'est moy.

FILÈNE

Oses-tu bien en aucune façon
Proférer ce beau nom ?

LYCAS

Hé, pourquoy non ? Hé, pourquoy non ?

FILÈNE

Iris charme mon âme,
Et qui pour elle aura
Le moindre brin de flâme,
Il s'en repentira.

LYCAS

Je me moque de cela,
Je me moque de cela.

FILÈNE

Je t'estrangleray, mangeray,
Si tu nommes jamais ma Belle.
Ce que je dis, je le feray ;

Je t'estrangleray, mangeray ;
Il suffit que j'en ay juré ;
Quand les Dieux prendroient ta querelle,
Je t'estrangleray, mangeray,
Si tu nommes jamais ma belle.

LYCAS

Bagatelle, bagatelle.

La quatrième Scène est entre Lycas et Iris, jeune Bergère, dont Lycas est amoureux.

La cinquième Scène est entre Lycas et un Pâtre, qui apporte un Cartel à Lycas de la part de Filène, son rival.

La sixième Scène est entre Lycas et Coridon.

La septième Scène est entre Lycas et Filène.

FILÈNE, *venant se battre, chante :*

Arreste, malheureux,
Tourne, tourne visage,
Et voyons qui des deux
Obtiendra l'avantage.

Lycas parle, et FILÈNE *répond :*

C'est par trop discourir ;
Allons, il faut mourir.

La huitième Scène est de huit Paysans, qui, venant pour séparer Filène et Lycas, prennent querelle et dançent en se battant.

Les huit Paysans sont les Sieurs Dolivet, Paysan, Desonets, Du Prou, La Pierre, Mercier, Pesan et Le Roy.

La neufième Scène est entre Coridon, jeune Berger, et les huit Paysans, qui, par les persuasions de Coridon, se réconcilient, et, après s'estre réconciliez, dansent.

La dixième Scène est entre Filène, Lycas et Coridon.

L'onzième Scène est entre Iris, Bergère, et Coridon, Berger.

La douzième Scène est entre Iris, Bergère, Filène, Lycas et Coridon.

FILÈNE *chante* :

N'attendez pas qu'icy je me vante moy-mesme,
Pour le choix que vous balancez ;
Vous avez des yeux, je vous ayme,
C'est vous en dire assez.

———————

La treizième Scène est entre Filène et Lycas, qui, rebutez par la belle Iris, chantent ensemble leur désespoir :

FILÈNE

Hélas ! Peut-on sentir de plus vive douleur ?
Nous préférer un servile Pasteur !
O Ciel !

LYCAS

O Sort !

FILÈNE

Quelle rigueur !

LYCAS

Quel coup !

FILÈNE

Quoy ? Tant de pleurs,

LYCAS

Tant de persévérance,

FILÈNE

Tant de langueur,

LYCAS

Tant de souffrance,

FILÈNE

Tant de vœux,

LYCAS

Tant de soins,

FILÈNE

Tant d'ardeur,

LYCAS

Tant d'amour,

FILÈNE

Avec tant de mespris sont traittez en ce jour !
Ha, cruelle,

LYCAS

Cœur dur,

FILÈNE

Tigresse,

LYCAS

Inexorable,

FILÈNE

Inhumaine,

LYCAS

Inflexible,

FILÈNE

Ingrate,

LYCAS

Impitoyable,

FILÈNE

Tu veux donc nous faire mourir ?
Il te faut contenter ;

LYCAS

Il te faut obéïr.

FILÈNE

Mourons, Lycas ;

LYCAS

Mourons, Filène.

FILÈNE

Avec ce fer finissons notre peine.

LYCAS

Pousse ;

FILÈNE

Ferme ;

LYCAS

Courage ;

FILÈNE

Allons, va le premier.

LYCAS

Non ; je veux marcher le dernier.

FILÈNE

Puisque même malheur aujourd'hui nous assemble,
Allons, partons ensemble.

———

La quatorzième Scène est d'un jeune Berger enjoué, qui, venant con-
soler Filène et Lycas, chante :

Ah, quelle folie,
De quitter la vie
Pour une beauté,
Dont on est rebuté !

On peut, pour un objet aymable,
Dont le cœur nous est favorable,
Vouloir perdre la clarté ;
Mais quitter la vie
Pour une beauté
Dont on est rebuté,
Ah, quelle folie !

———

La quinzième et dernière Scène est d'une Egyptienne suivie d'une douzaine de gens, qui, ne cherchant que la joye, dansent avec elle aux Chansons qu'elle chante agréablement. En voicy les paroles :

PREMIER AIR

D'un pauvre cœur
Soulagez le martyre ;
D'un pauvre cœur
Soulagez la douleur.

J'ay beau vous dire
Ma vive ardeur,
Je vous voy rire
De ma langueur ;
Ah, cruelle, j'expire
Sous tant de rigueur,

D'un pauvre cœur
Soulagez le martyre;
D'un pauvre cœur
Soulagez la douleur.

SECOND AIR

Croyez-moy, hastons-nous, ma Silvie;
Usons bien des momens précieux,
Contentons icy nostre envie;
De nos ans le feu nous y convie;
Nous ne sçaurions, vous et moy, faire mieux.

Quand l'Hyver a glacé nos guérets,
Le Printemps vient reprendre sa place
Et ramène à nos champs leurs attraits;
Mais, hélas, quand l'âge nous glace,
Nos beaux jours ne reviennent jamais.

Ne cherchons tous les jours qu'à nous plaire;
Soyons-y l'un et l'autre empressés;
Du plaisir faisons notre affaire;
Des chagrins songeons à nous défaire;
Il vient un temps où l'on en prend assez.

Quand l'Hyver a glacé nos guérets,
Le Printemps vient reprendre sa place

Et ramène à nos champs leurs attraits ;
Mais, hélas, quand l'âge nous glace,
Nos beaux jours ne reviennent jamais.

L'Egyptienne, qui dance et qui chante, est Noblet l'aisné.

Les douze dançans sont :

Quatre joüans de la guitare, Monsieur de Lully, Monsieur de Beauchamp, Chicaneau, et Vagnart.

Quatre joüans des castagnettes, les Sieurs Favier, Bonard, S.-André et Arnald.

Quatre joüans des gnacares, les Sieurs La Marre, Des-Airs second, Du Feu et Pesan.

MÉLICERTE

EXPLICATION DES PLANCHES

Marque de l'Éditeur. — Dans un cadre, les lettres E T en mono-gramme, initiales du nom Emile Testard. Sur les côtés, deux Gloires, à demi nues et tenant chacune à la main un miroir pour rappeler l'armoirie de Molière, entrelacent deux palmes derrière son buste, couronné de lauriers. Au bas, deux petits Génies, assis sur la tablette du soubassement, s'appuient sur un livre. Entre eux la date 1890.

Notice. — Bande ornementale. Double rinceau, terminés par deux têtes de vieux Satyres cornus ; cornes d'abondance et oiseaux. Au centre, tête de jeune fille, coiffée d'une sorte de coquille.

— Lettre L, autour de laquelle s'enroule un cep de vigne, chargé de pampres et de grappes. Sur la traverse de la lettre est assis un jeune Satyre, à pieds de chèvre, qui joue d'une longue flûte.

— Cul-de-lampe. Une jeune Bacchante, portant son thyrse sur

XVIII.   8

l'épaule, court en dansant ; derrière elle, une chèvre, qu'elle appelle et qui la suit.

MÉLICERTE

Faux titre. — Sur un cartouche, qui se dresse au milieu d'herbes et d'arbustes, le titre de la Pièce. Autour de ce cartouche, ronde de Satyres à pieds de chèvre et de jeunes nymphes à demi nues. Un jeune Amour, assis sur le haut du cartouche, les conduit, en jouant sur son arc avec sa flèche comme archet. En bas, suspendues à la tranche de la pierre qui sert de plancher au cartouche et à la ronde, guirlandes attachées à des têtes en mascarons ; au centre un trophée d'instruments de musique pastoraux, musette, cymbales, tambour de basque, lyre, faite d'une écaille de tortue et de cornes, triangle et castagnettes.

Grand titre. — Deux pilastres, décorés d'un ornement treillagé sur fonds d'or, supportent une arcade, au haut de laquelle un médaillon avec le portrait de Mélicerte. Deux femmes, à demi couchées sur les rampants de l'arcade, tiennent des guirlandes, sur lesquelles est assis un jeune Amour qui s'y balance. Devant chaque pilastre une jeune Satyresse, à pieds de chèvre et regardant l'Amour, tient, de l'un de ses bras élevé, les dernières suspensions et la chute de la guirlande. En bas, au milieu du soubassement qui relie les bas des deux pilastres, deux jeunes Amours nus, portant, l'un le pédum du Berger et l'autre la houlette de Mélicerte, apportent la cage du moineau de Myrtil.

Grande planche. — En avant d'une colonnade de temple ruiné, qu'on aperçoit au travers d'un bosquet d'oliviers, le groupe des deux jeunes amants, surpris par le vieux Lycarsis (Acte II, scène IV, vers 470-2) :

> *Ne vous contraignez pas pour moy. — Quel sort fâcheux !*
> *— Cela ne va pas mal ; continuez tous deux.*
> *Peste, mon petit fils, que vous avez l'air tendre.*

La blonde Mélicerte, dans le plus charmant costume qu'une Bergère de Roman puisse avoir de la meilleure faiseuse, est debout, la main posée sur la cage de son moineau, et, dans sa surprise, redresse la tête pour regarder Lycarsis. Myrtil, encore à genoux aux pieds de celle qu'il aime, se retourne vers son père et ferme l'un de ses poings. L'élégance de son abondante perruque, son habit de velours serré à la taille et ouvert par devant pour laisser voir la blancheur de son riche vêtement de dessous, ses bas moulés sur ses jambes, ses fins souliers avec un large nœud de rubans, montrent bien, comme son père l'a dit (acte I, scène iv, vers 211-2) qu'il est fort occupé

Par les petits desirs de se voir ajusté
Ainsi que les Bergers de haute Qualité.

Quant au vieux Lycarsis, malgré sa figure ridée et sa taille épaisse, son costume est aussi très fantaisiste. Il a une coiffe de velours, un petit manteau à bords découpés, un pourpoint rayé de bandes claires et chargées de pierreries, une cotte formée de bandes tombantes des plus agrémentées, de hauts brodequins très ouverts et, pour montrer qu'il est Berger, une flûte de Pan pendue à sa ceinture. Les Tailleurs et les Couturiers devaient gagner leur vie dans la vallée de Tempé.

CADRE DES PERSONNAGES. — Il est formé de deux parties. Au milieu du bas, un pigeon et une colombe en avant d'un éventail de rayons, et, sur chacun des côtés, une torche enflammée qui forme la moitié inférieure du montant. La moitié supérieure est formée par une double chute de feuillages en clochette, à laquelle sont suspendus l'arc et le carquois de l'Amour et qui tombe d'un terrain couvert d'herbes et de plantes. Sur celui-ci, à gauche Myrtil, assis et demi couché, joint les mains en offrant son amour à Mélicerte; à droite celle-ci, à demi couchée et ayant à ses pieds un agneau, regarde et écoute Myrtil. Entre eux, la cage apportée par lui, mais, derrière les barreaux, un petit Amour assis s'est mis à la place de l'oiseau.

ACTE PREMIER. — En–tête ; le commencement de la Pièce. Les deux Cavaliers suivent, en déclarant leur amour, leurs inhumaines Maîtresses, qui s'éloignent en leur tournant le dos. A droite et à gauche, deux Termes féminins, jeunes et le buste nu, arrangent et soutiennent des guirlandes sur des portants et sur une arcade qui forment l'encadrement de la scène, dont le fond est un paysage. Au milieu du haut, un cartouche avec la méchante réponse de Daphné à Tyrène (vers 4) : *Tu me plais loin de moy.*

— Lettre A. La scène du portrait. En avant de la lettre, les deux Bergères se montrant réciproquement la miniature de Myrtil. Pour cadre, une bande étroite à fond noir, sur laquelle la chute d'une guirlande de feuillage et de fleurs, interrompue par les deux L Royales et soutenue en haut par deux Amours, tenant une palme des deux côtés d'un phénix entouré de flammes. Au bas, le mot de Daphné à Eroxène : *Au lieu de ton portrait, tu m'as rendu le mien* (scène II, vers 52).

— Cul–de–lampe final. Dans un double rinceau qui forme cartouche, Lycarsis, toujours dans son triomphant costume, rappelle en vain Myrtil, qui, fuyant les deux Bergères, se sauve en courant, sa cage à la main (scène v, vers 327) : *Myrtil, holà, Myrtil, veux–tu revenir, traistre.*

ACTE SECOND. — En–tête. En avant d'un paysage, où l'on voit à gauche les colonnes d'un Temple et à droite, au delà du Pénée, une colline couronnée d'un Temple, Myrtil, agenouillé aux pieds de Mélicerte, debout et dont il tient les mains, lui dit : *Recevez en icy la foy que je vous donne* (scène III, vers 464) ; ils ne pensent pas plus l'un que l'autre au moineau, dont la cage est à terre derrière Mélicerte. Avec une autre plantation des treillages et un geste différent des deux Termes de jeunes femmes, l'encadrement de la Scène est dans le même sentiment que celui de l'en–tête du premier Acte.

— Lettre A. En avant d'une porte en treillage, Mélicerte désespérée, assise à terre, joignant les mains entre ses genoux, dit sa douleur à sa confidente Corinne, debout et appuyée sur la barre de la lettre : *Hélas, tu me perces le cœur* (scène première, vers 346). La bande étroite du cadre est à fond gris.

— Cul-de-lampe; la scène finale. Myrtil, Acante et Tyrène viennent de savoir de Nicandre que le Roi fait chercher partout Mélicerte, et, comme Nicandre s'éloigne, les trois jeunes hommes le vont accompagner : *Suivons aussi ses pas, afin de tout apprendre* (scène VII, vers 600).

PASTORALE COMIQUE

FAUX TITRE. — Sur un banc, le riche Pasteur Lycas, assis et joignant béatement les mains, écoute avec délices l'incantation des deux Magiciens, qui chantent : *Ah, qu'il est beau, ah, qu'il est beau.* Le groupe se détache sur une grande coquille qui forme fond; à droite et à gauche un Diable, sautant et dansant au milieu des flammes. En bas, pour supporter la tablette, une tête de bouc, largement encornée et avec des ailes de chauve-souris.

GRAND TITRE. — Grande arcade ornementale. Au milieu, un bassin avec un degré demi-circulaire, sur lequel une grosse tortue jette de l'eau; sur le bord, deux tortues plus petites lancent un jet d'eau, qui tombe avant de l'atteindre. Un enfant à demi nu, une flûte de Pan à sa ceinture et coiffé d'un bonnet à deux grelots, danse gaiement sur le dos de la première tortue et écarte de ses petits poings deux gros béliers, qui, la tête baissée, grimpaient le long de deux rampants affrontés pour se précipiter l'un sur l'autre. Sur les côtés, le montant commence en bas par un piédestal, sur lequel un clown, coiffé d'un bonnet de Fou, couché sur le dos et ouvrant la bouche dans l'espoir gourmand d'y sentir tomber les grains d'une grappe de raisin suspendue au-dessus de sa tête, a ramené ses cuisses sur son buste et dresse ses jambes pour porter sur les semelles de ses bottines la pointe d'un rinceau ajouré. Celui-ci devient plus haut une sorte de pilastre, devant le fond duquel un enfant nu, assis sur une balançoire suspendue à un dais en forme de pavillon; au-dessus de l'entablement, qui est le point de départ de l'arcade centrale, un haut trépied d'où s'échappent des flammes et de la fumée. Au milieu du haut, le char de Vénus volant sur les nuages pour venir accomplir l'incantation des deux Magiciens. La coquille, sur laquelle la Déesse est couchée et dont la roue a la forme d'une fleur, est traînée par cinq colombes; derrière la coquille, le cocher, qui est un enfant nu, debout sur la fin du nuage, tient un long fouet qu'il fait claquer.

CADRE DES PERSONNAGES. — En bas, de chaque côté, un groupe de deux Turcs richement habillés; l'un assis et jouant de la guitare, l'autre debout derrière lui et tenant une longue hallebarde. Entre eux et très au fond, un long plancher sur lequel un groupe dansant d'une femme et de deux Bergers galants entre deux quadrilles de Bergers danseurs. La partie supérieure est formée d'une arcade d'où pend un long pilastre étroit, terminé en pointe; autour de celui-ci, un monstre chimérique, à ailes de libellule, enroule son corps et sa queue. Au sommet de l'arcade supérieure une marotte à tête de Fou. Dans le coin des deux rampants pend un trophée de masques de comédie. Sur les extrados du rampant un sphinx féminin, ailé, à longs cheveux et à queue écaillée terminée par une tête comique; ses griffes sont posées sur le bout de la queue du monstre chimérique qui descend le long du montant.

EN-TÊTE. — A droite et à gauche un bassin, supporté par les queues de deux dauphins entrelacés et couronné par un Amour avec son arc. La Scène a pour coulisses deux portiques de treillage, des arcades desquels s'élancent des danseurs, et pour fond un escalier accosté de deux terrasses sur lesquelles des musiciens. En avant, Filène et Lycas se préparant à se tuer. Filène approche de sa poitrine une courte pique, mais Lycas, aussi peureux que courtois, se défend de commencer : *Non, je veux marcher le dernier* (scène XIII).

— Lettre D. Filène, furieux, défendant à Lycas de prononcer le nom d'Iris (scène III) : *Je t'estrangleray, mangeray — Si tu nommes jamais ma Belle.* Aux angles du cadre, en bas deux têtes de brebis et en haut deux têtes de béliers ; les montants sont décorés d'attributs rustiques, houlettes, thyrses, flûte de Pan, tambour de basque. En long, petit bas-relief à fond noir, sur lequel se détache une file de Satyres dansant.

— Cul-de-lampe. En avant d'un rideau, porté sur le bois d'un arc, une jeune Egyptienne, richement vêtue et enturbannée, chante, la main sur son cœur, une chanson à danser (scène XV). A droite et à gauche, deux jeunes danseurs sautant à l'envi ; l'un frappe sur les deux timbales suspendues à sa ceinture, l'autre joue des castagnettes.

EXPLICATION DES PLANCHES. — En-tête. Bande ornementale. Au centre, le buste de Molière devant des rayons chargés de livres ; deux rinceaux s'échappent des branches de laurier posés sur le buste. A l'extrémité droite, les outils de l'aquarelliste et à celle de gauche les outils du graveur.

— Cul-de-lampe. Une table supportée par un évasement de rinceaux dans lesquels se balancent deux singes. Au centre du bord de la table, un médaillon avec le monogramme A.D.M. Sur la table, groupe d'accessoires des Comédies de Molière, l'arc et le carquois de l'Amour, la cassette d'Harpagon, le livre des Maximes du mariage, la sphère armillaire et le télescope des Femmes savantes, la palette d'Adraste, la lanterne de Sosie, le fleuret du Mariage forcé, la tête grasse et béate de Tartuffe avec un serpent, la cage du moineau de Myrtil, un couple de pigeons amoureux, le bonnet rayé de Scapin, le chapeau encorné de Sganarelle, le gourdin du Médecin malgré lui, la seringue de Pourceaugnac ; au centre, l'énorme turban de Mamamouchi et la chaise du Malade imaginaire.

MARQUE DE L'ARTISTE. — En bas, les lettres ML, initiales de l'artiste Maurice Leloir, dans un médaillon accompagné d'une palette et de pinceaux. Au-dessus, sur des nuages, un char antique traîné par deux femmes; l'une, blonde, agite une marotte garnie de grelots, l'autre, brune, tient la palme glorieuse. Dans le char, qui est vu de face, Molière debout élève de sa main droite le miroir de la Comédie; les trois miroirs de son armoirie décorent l'avant du char.

Achevé d'imprimer a Évreux

Par Charles Hérissey

Le vingt-cinq Octobre Mil huit cent quatre-vingt-dix

Pour le compte d'Émile Testard

Éditeur a Paris

BIBLIOTHÈQUE NATIONALE
IMPRIMÉS

www.ingramcontent.com/pod-product-compliance
Lightning Source LLC
LaVergne TN
LVHW050639090426
835512LV00007B/936